내 안에

고요를 만나다

내 안에

고요를 만나다

차(茶)명상과 치유

정광주 지음

학지사

잠시 멈춰요.

차茶는

일상의 모든 순간에서

우리에게 '멈춤과 휴식'을 선물합니다.

그래서 일상 다반사茶飯事입니다.

명상이라고 하면 사람들은 신비주의자나 구도자들이 행하는 종교적인 수행을 떠올리는 경향이 있습니다. 그러나 명상을 종교적 틀로 단정 짓고 일상 밖에서 이루어지는 것으로 범위를 제한하는 것은 매우 편협한 시각입니다. 명상은 초자연적인 능력과 무관하며 누구나 일상 속에서 마음을 정화하는 방편으로 할 수 있는 일입니다.

생각해 보면 마음을 정화할 수 있는 방법은 다양합니다. 기도, 예배, 영적 독서, 숲 속에서의 조용한 산책, 정돈된 마음으로 즐겁게 하는 청소 등은 모두 마음을 정화하는 행위라 할 수 있습니다. 이러한 시간은 이를테면 '영혼의 샤워 the shower of spirit' 시간입니다. 고요하고 평화로운 마음으로 하는 행위는 명상과 다르지 않습니다.

그러나 명상을 통해 우리는 의식의 표면으로부터 자신의 깊은 곳까지 정화하며 자기치유의 과정을 겪게 됩니다. 명상을 통해 마음을 정화하고 평화와 치유를 경험하고자 한다면 종교의 틀에 얽매일 필요가 없습니다. 단지 인간의 성장과 치유의 관점에서 이해하고 수련할 필요가 있습니다.

　제가 명상을 시작하게 된 것은 10여 년 전쯤이었습니다. 인생사가 예측할 수 없는 것인 줄 알지만, 갑자기 몰아친 인생의 풍랑은 너무 거세서 감당하기 힘들었습니다. 그때 우연히 접하게 된 명상을 통해 삶을 정화하는 방법을 알게 되었습니다. 만약 그때 문제에 부딪혀 해결의 실마리

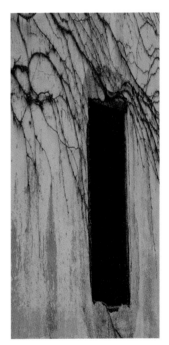

삶이 황폐해질 때

를 찾지 못한 채 계속 스트레스를 받고 있었다면 아마 저는 심각한 병에 걸렸을지도 모릅니다. 뜻하지 않게 들이닥친 힘든 삶은 명상이라는 선물을 주었고, 그해부터 매년 명상센터에 가서 정기적으로 수련을 하게 되었습니다.

또 하나의 귀중한 만남도 잊을 수 없습니다. 그것은 바로 차茶였습니다. 저는 쏟아지는 일에 파묻혀 제정신으로 살기 힘들 정도로 하루하루를 바쁘게 지낸 적이 있었습니다. 새벽이면 늘 하던 명상과 기도도 시간의 부족과 조급증에 떠밀려 사라져 버렸지요. 이러한 불안정한 생활 패턴은 쉽게 바뀌지 않았고 몸과 마음은 모두 지쳐 있었습니다. 온몸과 마음에 축적된 스트레스와 피로감을 벗어 낼 무언가가 필요했던 시기, 저는 그때 차를 접하게 되었습니다.

잊을 수 없는 시간이었습니다. 진이 빠져 버린 심신에 차의 기운은 놀라운

에너지를 선물했습니다. 지쳐 있는 세포들 사이로 스며드는 차향과 그윽한 풍취는 놀랍도록 아름다웠습니다. 무엇보다도 차를 내는 과정의 정갈함과 고요함이, 균형을 잃었던 영혼에 조화롭게 스며들었습니다. 지친 몸의 세포들이 하나둘 깨어나는 듯했고 어느새 머리는 깨치듯 맑아졌습니다. 차를 배우면서 조급증은 조금씩 가라앉기 시작했고, 차를 마시며 더욱 자연스럽게 명상을 할 수 있었습니다.

삶의 패턴이 편리해지고 빨라질수록 우리의 마음은 바빠지고 메말라 갑니다. 외적으로는 편하고 안락한 삶이지만, 마음은 바늘 하나 꽂을 자리도 없이 더 좁아지고 거칠어지고 있습니다. 에고ego의 감옥에 홀로 갇혀 우울은 전염병처럼 번지고, 자살이 유행이라도 되는 것처럼 번지는 안타까운 시대. 이 척박한 시대를 자유로운 마음으로 헤쳐 나가기 위해, 차茶명상은 내면의 충만함을 담는 즐거운 방법이 될 수 있을 것입니다. 지치고 흐릿해진 영혼을 차와 함께 오롯이 정화하는 방법, 차茶명상을 통해 마음의 평화를 얻고, 상처를 치유하며, 삶을 긍정적으로 관조할 수 있다면 삶은 더할 나위 없이 풍요로울 것입니다.

이 책에서는 차茶명상의 여러 방법을 사진과 글을 통해 기술하여 내면의 성장과 치유에 도움을 주고자 하였습니다. 첫 번째 장에서는 차茶명상의 의미 및 실제, 두 번째 장에서는 다양한 차를 통한 오감 일깨우기 및 여러 차마다 각기 다른 품성 느끼기, 세 번째 장에서는 차를 마시고 난 후 명상을 통한 내면으로의 여행을 주로 다루었습니다.

무엇보다 차茶명상을 일상에서 쉽게 실천할 수 있도록 에세이 식으로 편안하게 기술하고자 하였습니다. 글을 읽고 사진을 보며 잠시 멈출 수 있다면 그

자체로 휴식이 되지 않을까 생각됩니다. 일상에서 차를 마시며, 지금 이 순간 일어나는 마음을 편안하게 바라보는 것, 이것이 이 책의 전부입니다. 단순한 듯 보이지만 그 속에 놀라운 치유와 성장이 일어나고 있음을 경험해 보시기 바랍니다.

2011년 9월

정광주

홀로 방황하던 시간

지친 마음 어느 틈새에 날아온 귀한 선물, 명상

다양한 차와 명상

차(茶)와 함께 마음의 바다를 여행합니다.

첫
번
째

차(茶)명상의
시작

찻자리 아래,
마음 저 밑에서
무더기무더기 피어나는
색색의 수많은 대상이 보이시나요.

깨어 있지 않으면
우리는 욕망이라는 검붉은 바다에서
허우적거리게 됩니다.

지금 당신은 깨어 있습니까?

차茶명상의 시작

찻자리는

일상에서 무뎌진 오감을 섬세하게 일깨웁니다.

보고 맛보고 감촉을 느끼고 차향을 맡고

찻물 따르는 소리에 귀 기울이고

차를 마시며

순간순간 지나가는 감각에 집중해 보세요.

생각은 잠시 멈춤이 되어

어수선하던 마음은 절로 고요해집니다.

명상은 보이지 않는 힘이
우리를 이끌어 모든 행동
에 에너지와 품위를 깃들
게 합니다.

하지만 뒤이어

수많은 생각도 빠르게 일어나고 있습니다.

좋고 싫고 그저 그렇고 분석하고 평가하고 갖고 싶고

이 마음도 그대로 바라보세요.

'깨어 있음' 이란

매 순간 마음에서 무엇이 일어나고 있는지

주의를 기울이는 일입니다.

일어나면 일어나는 대로

아주 단순하고 솔직하게 알아차리는 것,

이것이 차茶명상의 시작입니다.

그냥 내버려 두세요 let it be or let it go

우리는 일상에서 '내버려 둬' 라는 말을 자주 씁니다. 이 말은 명상할 때의 마음을 단적으로 표현한 것이라 해도 과언이 아닙니다. '내버려 둬' 란 '~를 가만히 놔두다' 라는 뜻으로 일부러 상황에 개입하려 하지 말고 그냥 있는 그대로, 되어 가는 대로 바라보라는 것입니다.

우리는 자주 "그냥 내버려 둬."라고 말하지만 실제로 그렇게 하기는 매우 어려운 일이라는 것을 잘 알고 있습니다. 인지과학적 측면에서 우리의 의식은 1초에 고작 15비트만 인식할 수 있는 데 반해 주변에서는 최소 수백만 비트 이상의 정보가 발생하고 있습니다. 그래서 우리는 주변에서 넘쳐 나는 정보를 나름대로 선택하고, 분석하고, 비판하고, 통제하는 데 익숙해져야만 변화무쌍한 상황 속에서 적절하게 대처하며 살아갈 수 있습니다.

우리는 삶 속에서 정보를 효율적이고 경제적으로 수용하기 위해 각자의 인지의 틀을 형성해 왔습니다. 명상 속에서 마음의 작용을 가만히 관찰하고 있노라면, 마음이 일정한 방식으로 사고하는 패턴을 가지고 있음을 통찰하게 됩니다. 우리는 태어나면서부터 지금까지 아주 오랜 시간에 거쳐 자신의 인지의 틀을 형성해 왔기 때문에 이 마음의 습관은 우리 몸에 배어 있습니다. 이를 '체화體化된

같은 곳을 보아도 우리는 모두 다르게 생각합니다.
우리의 마음은 저마다 다르게 형성되어 왔기 때문입니다.

인지'라고 하지요. 이러한 마음의 작용은 매우 빠른 시간에 일어나기 때문에 거의 자동적으로 작동됩니다.

그러므로 우리는 '현재'를 살고 있다고 착각하지만, 실은 '과거'에 형성된 사고의 틀로 살고 있을 가능성이 큽니다. 그리고 나이가 들어 갈수록 그 틀은 더욱 확고하고 강해집니다. 또한 우리의 몸과 마음은 연결되어 있기 때문에,

특정 사고 패턴은 특정한 질병을 유발하기도 합니다.

마음을 지배하고 있는 고정적이고 조건화된 사고 패턴을 통찰하고 이에 휩쓸리지 않으려면, 마음의 흐름을 있는 그대로 바라보면 됩니다. 마음을 조절하거나 통제하려 하지 않고 말 그대로 '그냥 내려놓고 바라보면let it be or let it go' 우리는 마음의 작용을 통찰하고 새로운 마음을 불러일으킬 수 있습니다. 이를 통해서 과거 마음의 패턴은 자연스럽게 해체될 수 있는 것이지요.

명상 속에서 '내버려 둬'의 의미는 무책임하게 수수방관하라는 것이 아닙니다. 단지 바라보고 지나가게 하라는 말입니다. 명상에서 우리는 마음에 떠다니는 수많은 생각과 감정을 알아차리고 지나가게 합니다. 이를 통해 아름다운 고요, 평정심, 그리고 명료한 마음에 이르게 됩니다.

일상에서 자신의 중요한 목표를 내려놓고 명상을 할 수 있는 사람은 내적인 고요와 평안의 상태에 이르게 되며, 역설적으로 일상의 에너지 넘치는 삶 속에서 그 목표를 보다 가치 있는 방식으로 이뤄 내게 됩니다. 명상을 통해 더 크게 열리고 확장되는 순수한 세계를 경험하기 때문입니다. 그렇게 되면 우리가 무슨 일을 하든 그 속에서 에너지가 온전히 흐르고 모든 행동에 품위와 힘이 깃들게 될 것입니다.

차茶명상이란

차茶명상이란 '차茶생활의 유익한 측면과 다양한 명상 기법 등을 접목하여 심신의 안녕, 치유 그리고 성장을 도모하는 것'이라고 말할 수 있습니다.

명상에는 집중명상concentration meditation, samatha과 통찰명상insight meditation, vipassana이 있습니다. 통찰명상은 요즘 심리학에서 '마음챙김mindfulness'이라는 용어로 통일하여 사용됩니다. 차茶명상에서는 이 두 가지 명상을 함께 활용하는데, 차를 준비하고 우리고 음미하고 명상에 들어갈 때에는 마음챙김 명상을, 자애명상과 같이 특정한 주제나 대상에 대해 주의를 집중할 때에는 집중명상을 활용할 수 있습니다.

미국 매사추세츠 의과대학의 행동의학 교수인 카밧진Kabat-Zinn은 마음챙김 명상을 '현재의 순간에 주의를 집중하는 능력, 의도적으로 몸과 마음을 관찰하고 순간순간 체험한 것을 느끼며, 체험한 것을 있는 그대로 받아들이는 과정'이라 정의하였습니다. 특히 치료 프로그램으로 임상에 도입된 '마음챙김에 기초한 스트레스 완화 프로그램Mindfulness-based Stress Reduction: MBSR'은 그 효과가 세계적으로 검증되고 있으며, 최근에는 일상에서 긍정적인 마음상태를 계발하기 위한 방법으로도 널리 활용되고 있습니다.

차茶명상은 차를 매개로 이러한 명상 기법에 효과적으로 접근하여, 궁극적으로 명상 기법의 터득과 수련을 통해 그것을 일상생활에까지 적용하는 것이 목적입니다. 명상의 지속적인 수련을 통해 우리는 마음의 작용을 통찰하게 되어, 온전한 자기이해에 이르게 되고 자연스럽게 자기치유治癒의 과정을 경험하게 됩니다.

찻자리에서 느낄 수 있는 다양하고 풍부한 감각의 세계는 마음을 쉽게 지금 이 순간에 머무르게 합니다. 우리는 차를 통해 느낄 수 있는 감각을 알아차림自覺, awareness*함으로써 자연스럽게 생각을 멈추게 됩니다. 생각이 멈추면 마음은 저절로 고요해집니다. 다양한 감각에 순간순간 집중하면서 일종의 '생각을 버리는' 연습을 하게 되는 것입니다.

차를 준비하고 우리고 마시면서 어떤 생각이나 느낌이 들면 그저 알아차리고 지나가게 합니다. 다관에 닿는 감촉, 찻물을 따르는 소리, 손이 찻잔에 닿는 느낌, 찻잔을 드는 느낌, 뜨거운 차훈茶薰이 얼굴에 닿는 감촉, 차향을 맡음 등 차를 마시면서 순간순간 느껴지는 마음을 알아차림합니다. 지금 이 순간 차를 통해 느껴지는 마음을 그저 바라볼 뿐, 특정한 생각이나 느낌에 집착하지 않습

---

* 학자에 따라 'mindfulness(마음챙김)'와 'awareness(알아차림)' 용어를 혼용하여 쓰기도 하고 그 미묘한 차이에 대해 달리 해석하기도 하나, 이 책에서는 '매 순간 일어나는 현상에 대해 마음이 분명하게 알고 있는 상태'로 통용하여 씀.

니다.

차는 명상의 훌륭한 동반자입니다. 마음을 다해 우려낸 차 한 잔은 몸과 마음을 맑은 기운으로 정화합니다. 차를 마시기 전, 마시면서, 그리고 마신 후, 이 모든 과정에서 차茶명상은 끊임없는 알아차림으로 이어집니다. 왜 옛 선사들이 차와 명상을 하나라고 하여 '다선일여茶禪一如'라고 했는지, 우리는 깨어 있는 마음으로 차를 준비하고 음미하고 명상을 수련해 봄으로써 그것을 고스란히 경험할 수 있습니다.

잠시 일상에서 벗어나 고요하게 마시는 차를 통해 우리는 생각에서 비롯되는 정신적 긴장을 내려놓고 현재 이 순간에 머무르게 됩니다. 명상 속에서 계속 마음을 이완하고 모든 미혹을 내려놓음에 따라 집착은 적어지고 약해집니다. 명상을 통해 매 순간 일어나는 마음을 알아차리고 내려놓는 연습을 계속하면서, 우리는 놓아 버릴 때 비로소 기쁨이 일어나고 마음이 평화로워짐을 경험하게 됩니다. 이렇듯 일상의 차茶명상을 통해 자연스럽게 고양되는 긍정적인 마음은 나눔과 베풂의 삶을 자연스럽게 실천하게 합니다.

차를 마실 수 있는 곳이라면 우리는 어디서나 차茶명상을 할 수 있습니다. 거실 한편이나 식탁의 한 자리, 직장, 버스 정류장, 무언가를 기다리는 시간 등 잠시 마음을 바라볼 수 있다면 언제 어디서라도 할 수 있습니다. 무엇보다도 일상에서 시간을 내어 지속적이고 규칙적으로 차茶명상을 할 수 있다면 더할 나위 없이 좋을 것입니다.

　차茶명상에서 매 순간 주의집중을 유지하기 위해서 '호흡 관찰'은 필수적인 요건입니다. 마음이란 그 특성상 호흡에 중심을 두고 바라보지 않으면 이내 산만해지기 때문입니다. 이제 마음을 길들이는 호흡명상에 대해서 알아보도록 하겠습니다.

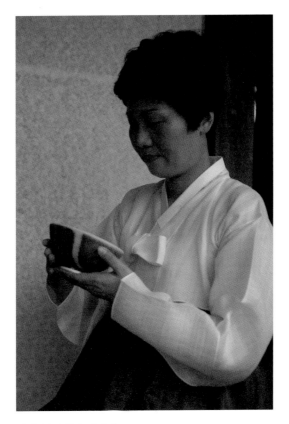

잠시 일상에서 벗어나
고요하게 마시는 차를 통해
우리는 생각에서 비롯되는 정신적 긴장을 내려놓고
현재 이 순간에 머무르게 됩니다.

고요히 앉아 본 뒤에야
평상시의 마음이 경박했음을 알았네.
침묵을 지킨 후에야
지난날의 언어가 소란스러웠음을 알았네.
　- 중국의 옛 시

차茶명상과 호흡을 통한 마음 길들이기

명상, 태풍의 눈을 찾는 방법

'태풍의 눈'이란 두꺼운 구름으로 둘러싸인, 태풍, 허리케인, 사이클론 등 열대 저기압의 중심부에 나타나는 '맑게 갠 무풍지대'를 말합니다. 태풍 주변부에는 맹렬한 폭풍우가 불어닥치지만 정작 태풍의 눈은 놀랍도록 고요합니다. 우리의 삶 속에서 명상을 실천하는 것은 마치 태풍 속에서 태풍의 눈을 찾아가는 것과 같습니다. 삶이라는 태풍 속에 쉴 새 없이 흔들리는 마음은 명상을 통해 고요함에 이르게 됩니다.

차茶명상의 기본적인 마음 자세는 '내려놓음'입니다. 지금 이 순간 차를 통해 경험하는 다양한 감각에 주의를 집중하고 마음에 떠오르는 상념들을 알아차리고 지나가게 하는 것입니다. 이러한 내려놓음을 유지하기 위해 호흡 관찰은 차茶명상에서 매우 중요한 요소라 할 수 있습니다. 차를 준비하고 우리고 마신 후, 우리는 순간순간 호흡을 관찰하면서 산만한 마음을 길들이는 첫 단추를 꿸 수 있습니다.

그렇다면 호흡명상은 어떻게 하는 것일까요? 다음은 호흡명상을 하는 구체적인 방법입니다.* 먼저 허리를 바로 세우고 편안하게 앉습니다. 의자에 앉았을 때에는 등을 기대지 말고 바르게 앉으며, 방석 위에 앉았을 때에는 일정 시간 같은 자세를 유지할 수 있는 편안한 자세를 취합니다. 사람에 따라 무릎을 꿇는 것이 편할 수도 있고, 오른발과 왼발을 다른 편 넓적다리 위에 두거나, 또는 한 발을 다른 편 넓적다리 위에 올려놓는 것이 편할 수도 있습니다 결가부좌, 반가부좌 등.

명상을 할 때는 일정한 자세를 계속 유지하는 것이 매우 중요합니다. 돋보기를 이용하여 햇볕에 종이를 태우려면 일정 시간 손을 움직이지 않고 돋보기를 잡고 있어야 하듯이, 명상을 하는 동안 우리는 몸의 움직임을 절제해야 집중할 수 있습니다. 호흡에 중심을 두고 마음속에서 일어나는 모든 생각과 느낌을 어떠한 비평이나 판단 없이 바라보고 알아차리며 다시 호흡으로 되돌아옵니다.

다음은 호흡을 관찰하는 방법입니다.

■ 눈을 감고 허리를 펴고 편안하게 앉습니다.

■ 호흡이 들고 나는 것을 가장 분명하게 느낄 수 있는 지점을 찾기 위해 숨을 깊이 마시고 내쉬어 봅니다. 이때 가장 분명하고 정확하게 숨을 느끼는 곳을 찾아 그곳을 바라봅니다.

■ 호흡을 분명하게 관찰할 수 있는 곳이 코끝이나 입술 윗부분일 수도 있고,

---

* M. Flickstein, 고형일 외 공역, 『명상심리치료 입문』(학지사, 2007)을 참고하여 보완함.

배일 수도 있습니다. 호흡을 관찰하는 지점이 어디인지는 중요하지 않습니다. 단지 그곳에서 일어나고 사라지는 호흡을 계속 바라보는 것이 중요합니다.

■ 각 들숨의 처음, 중간, 끝을 관찰합니다. 호흡이 부드러울 수도 있고, 거칠 수도 있고, 무거울 수도 있고, 가벼울 수도 있습니다. 자연스러울 수도 있고, 걸리는 느낌이 들 수도 있습니다.

■ 각 날숨의 처음, 중간, 끝을 관찰합니다. 호흡이 부드러울 수도 있고, 거칠 수도 있고, 무거울 수도 있고, 가벼울 수도 있습니다. 자연스러울 수도 있고, 걸리는 느낌이 들 수도 있습니다.

■ 단지 호흡이 들고 나는 것만을 관찰합니다. (호흡이 들어오고 나갈 때 명칭을 붙이는 것이 도움이 될 수 있습니다. 호흡이 일어날 때 '일어남 혹은 부름', 호흡이 꺼져갈 때 '사라짐 혹은 꺼짐')

■ 의도적으로 호흡을 조절하려 하지 말고, 자연스럽게 호흡을 놓아두고 관찰합니다. 자연스러운 호흡이 느껴지지 않을 때는 잠시 신체의 다른 곳에 주의를 기울이다 다시 호흡으로 돌아오면 자연스럽게 일어나는 호흡을 바라볼 수 있습니다. 예를 들어, 엉덩이와 방석이 닿은 느낌을 알아차리고, 다시 호흡으로 돌아오면 자연스러운 호흡을 관찰할 수 있습니다.

■ 주의가 호흡에서 벗어나 신체적 감각, 생각 등 다른 대상으로 가면 바로 알

아차리고 다시 호흡으로 돌아갑니다. 예를 들어, 가려움이 느껴질 때 가려운 곳에 주의를 집중하여 바라보면(결코 긁지 않습니다. 그저 바라보며 관찰합니다. '가려움'이라고 이름을 붙여 속으로 되뇌며 관찰하는 것도 도움이 됩니다), 가려움의 느낌이 점점 변화되어 가면서 사라짐을 관찰할 수 있습니다. 그리고 다시 호흡으로 돌아갑니다.

■ 명상 시간을 처음에는 10분, 다음에는 20분 정도로 천천히 조금씩 늘려 봅니다. 명상 수련이 익숙해지면 한 시간 내외도 할 수 있을 것입니다.

명상을 통해 우리는 본격적으로 내면으로의 여행을 시작하게 됩니다. 자신의 밖에서 제삼자가 되어 호흡에 중심을 두고, 자신의 마음속에서 일어나는 생각, 느낌을 알아차리며 호흡으로 돌아오면, 우리는 고요 속에서 마음의 흐름을 통찰하게 됩니다.

당신은 지금 무엇을 향해 가고 있나요?

잠시 멈춰 차 한 잔 마시며, 지금 이 순간 호흡에 집중하여 일어나고 있는 마음을 바라보세요. 그러면 야생마처럼 날뛰던 마음이 어느새 가라앉고 고요와 평안이 당신을 감싸 안을 것입니다.

농부가 소를 길들이듯,
마음은 호흡을 통해 천천히 길들여집니다.

행다와 선禪

고즈넉한 찻상

물처럼 흐르는 행다行茶 따라

마음속 어느 곳이

스르르 열린다.

물소리……

마음을 씻는다.

수많은 오감五感의 깨움 속에

깊어 가는 고요의 물결

하지만

생각은 구름 같아

뭉게뭉게 일어

바라보고 내려놓고 또 내려놓는다.

도공의 마음 되어

더운 찻잔 품고

가만히

눈을 감으면,

흐르는 물에

차향은 꽃처럼 피어오르고

그곳에서

나는 한 잔의 차가 된다.

잎차 명상

　찻자리는 정갈한 찻상이 품어 내는 차분한 아우라 속에서 그 묘미를 느낄 수 있습니다. 『다신전茶神典』에는 찻자리의 사람 수에 따라 느낄 수 있는 풍미가 다르다고 쓰여 있습니다.

　즉, 차를 둘이서 마시면 '승勝'이라 하여 뜻이 맞는 다우茶友 사이에 좋은 정취를 교감할 수 있다 하며, 셋이 마시면 '취趣', 즉 차의 풍취를 함께 즐길 수 있다 합니다. 그 밖에도 여럿이 마시면 베풂과 나눔이 함께한다고 쓰여 있습니다.

　특히 차를 혼자 마시는 것을 '신神'이라 일컫습니다. 즉, 홀로 차를 마시면 번잡한 세상살이를 잠시 벗어나 신령스럽고 그윽한 경지에 이르게 된다는 것이지요.

　차의 오묘한 세계는 홀로 하는 찻자리에서 우리의 마음자리 깊은 곳을 대면할 수 있게 합니다. 잎차를 마시며 차가 안내하는 또 다른 세상을 여행해 볼까요.

찻자리 준비

혼자 마시는 찻상은 단순하고 소박하게 차리는 것이 좋습니다. 찻상을 차리고 옆에는 적당한 온도70~80℃ 정도의 찻물 주전자, 퇴수기, 다건 등을 둡니다.

찻자리의 마음가짐

찻자리의 마음가짐은 고요함 속에서의 주의 깊은 알아차림이라 할 수 있습니다. 찻상이 준비되면 마음을 가다듬고 바르게 앉아, 열 번 이내로 편안하게 들이쉬고 내쉬며 호흡을 바라봅니다. 그리고 무엇보다 차의 그윽한 기운을 통해 눈, 코, 입, 귀, 감촉 등 오감이 정화됨을 잊지 마시길.

다기 예열하기

식힘 그릇에 물을 따를 때 피어오르는 김, 그 속에 떨어지는 물소리를 알아차리시길. 다관에 물을 따르고 찻잔에도 물을 따라 놓습니다. 천천한 데움 속에 다기는 따뜻해지고 마음도 따스해집니다.

연이은 물소리. 이 물소리에는 알 수 없는 중독성이 있습니다. '또르륵……' 맑은 물소리는 마음을 정화합니다. 번잡한 소음이 가득 찬 세상에서 잠시 벗어나게 하는 듯합니다. 이 고요함 속에서 호흡을 바라보면, 마음속 티끌이 물소리와 함께 씻겨 내립니다.

차 우리기

찻물 온도가 적당해지면60℃ 다관 뚜껑을 열어 차를 적당히 넣습니다2~3g. 천천히 물을 다관에 따르면 찻잎과 물이 어우러지며 부드러운 차향이 피어오릅니다. 차가 우려지는 동안2분 30초~3분 다관을 두 손에 안고 잠시 눈을 감고 호흡을 바라봅니다. 다관의 따뜻함에 마음이 함께 데워집니다. 다관 속 찻잎도 따스함 속에서 기지개를 펴기 시작했을 것입니다. 순간순간 느껴지는 감각 그리고 이에 따라 일어나는 마음을 알아차립니다.

『다신전(茶神典)』에서는
홀로 마시는 차를
신(神)이라 일컫습니다.

그윽한 시간, 홀로 차를 마시면
번잡한 세상살이에서 잠시 벗어나
신령스러운 경지에 이르게 된다는 의미입니다

차 마시기

다관을 들어 똑똑 떨어지는 마지막 한 방울까지 기다려 온전히 찻잔에 따릅니다. 찻잔을 두 손으로 다소곳이 들고 차훈茶熏을 깊이 들이마셔 봅니다. 차향을 가득 품은 따스한 차훈이 부드럽게 얼굴을 감쌉니다. 그윽한 향기는 마음을 더욱 향기롭게 합니다. 차색, 차향, 맛, 촉감 등 다양한 감각을 알아차리며 천천히 마십니다. 곡우전차라면 구수함, 편안함, 부드러운 맛 끝에 어린 새순들이 품어 내는 미묘한 비린 맛까지 느낄 수 있을 것입니다.

여러 번에 나누어 천천히 마십니다. 다 마신 후, 텅 빈 찻잔의 향도 잊지 않고 맡아 보기를. 찻잔에 배어 있는 차향은 꽃향기로 사라져 갑니다. 좋은 차는 사라지는 뒷모습도 아름답습니다.

차를 마실 때 감각을 알아차리려고 일부러 애쓸 필요는 없습니다. 그저 느껴지는 대로 바라보고 그에 따른 마음을 알아차리면 됩니다. 특별한 느낌에 집착하지 않고, 바라보고 지나가도록 합니다. 차가 선물하는 다양한 감각에 몸과 마음을 여는 것이 중요합니다.

한 번 더 우리고 마십니다. 두 번째 차에서 느껴지는 다양한 감각의 변화도 알아차려 봅니다. 처음과는 또 다른 마음이 지나감을 느낄 수 있을 겁니다. 다 마시고 다관의 뚜껑을 열어 찻잎을 바라보면, 여린 잎들이 다관의 입구 쪽에 옹기종기 모여 있습니다. 이를 바라보고 일어나는 마음도 알아차립니다. 다관

찻잎 하나가 내 앞에 오기까지
자연과 사람의 수고로운 노력에 감사드립니다.

에 물을 부어 찻잎을 퇴수기에 내립니다.

호흡 바라보기

편안한 마음으로 허리를 펴고 눈을 감습니다. 안에서 일어나고 사라지는 호흡을 자연스럽고 편안하게 바라봅니다. 주의가 호흡에서 벗어나 신체적 감각, 생각 등 다른 대상으로 갈 때마다 곧바로 알아차리고 다시 호흡으로 돌아갑니다. 명상 시간을 처음에는 10분, 다음에는 20분 정도로 조금씩 늘려 보면 어떨까요.

찻자리 정리

가만히 눈을 뜹니다. 조용히 일어나서 다관, 찻잔 등 다구를 정리합니다. 다구를 들고 바닥에서 천천히 일어나는 느낌, 수도꼭지를 만지는 느낌, 씻는 느낌, 물이 닿는 감촉, 다구의 감촉 등을 알아차림하며 설거지합니다.

지금 무엇을 알아차리고 있나요?

찻잎 명상

– 어디서 무엇이 되어 다시 만나랴

어느 세상 저편에서 어린 찻잎 하나가 피어나, 지금 내 앞에서 '내 마음의 차'가 되기까지 그 소중한 인연에 대해 잠시 생각해 봅니다. 차에는 자연과 사람이 빚은 수많은 인연이 담겨 있습니다. 우리는 차를 통해 그들과 교감합니다.

■ 차를 덜어 흰 접시에 담아 찻상에 놓습니다.

■ 조용히 눈을 감고 잠시 호흡을 바라봅니다. 여러 차례 호흡을 통해 마음은 서서히 고요해집니다. (호흡이 배 안에서 일어나고 사라질 때, '부름' '꺼짐'이라는 명칭을 붙이며 호흡을 바라보는 것은 매우 도움이 됩니다.)

■ 이 찻잎이 내 앞에 오기까지 지나온 시간들을 생각합니다.

이 찻잎이 지금 내 앞에 올 때까지……

뼛속까지 시리던 겨울바람

긴 기다림 끝에 따사롭게 와 닿던 햇살

차밭에 반짝이던 별빛의 속삭임

촉촉이 스며들던 봄비

어느 부지런한 농군의 아침을 깨우던 소슬한 바람

이슬 머금은 어린 찻잎들은

농군의 부드러운 손길로 바구니에 쌓여 갑니다.

한 잎 한 잎 딸 때 차밭을 감싸던 잊을 수 없는 향기

그리고

불에 던져져

견뎌야만 했던 그 뜨거운 고행苦行

가마솥의 뜨건 불에 몸을 내줄수록 진해지던 차향

덖는 이의 정성스러운 땀방울

차가운 바람에 몸을 식히며 견디길 수차례

찻잎은 소중한 인연으로 우리에게 다가왔습니다.

■ 찻잎의 이미지를 마음에 떠올리며 감사를 보냅니다.

자연의 수고로움, 이 차에 담긴 이름 모를 이들과의 인연을 생각합니다. 가슴에 찻잎을 떠올리며 '감사합니다' 속으로 되뇝니다. 감사의 마음은 영성靈性의 문을 여는 신비의 열쇠입니다. 감사의 마음이 일면 마음이 절로 따스해집니다.

■ 조용히 눈을 뜹니다.

내 안에 고요를 만나다

차(茶)를 생각하면
문득 떠오르는 꽃 같은 인연들.
인생은 유한하지만 인연은 끝이 없습니다.

가루차 명상

당신은

지금 어디에 있나요?

숲 내음 흠씬 맡으며

신록이 우거진

오솔길을 걸으며

당신은 산의 품에 안깁니다.

촉촉한 신록의 세계,

가루차는

당신을 그곳으로

안내합니다.

가루차, 격불 속에 피는 꽃

산이 되어 힘차게 일어나기

가루차 찻자리 준비

차호, 다완, 차선, 차시, 다건 등을 준비합니다. 찻자리가 준비되면 마음을 가다듬고 바르게 앉아 호흡을 열 번 이내로 편안하게 들이쉬고 내쉬어 봅니다.

행다를 할 때는 현재 이 순간, 마음과 몸의 느낌과 움직임 등을 알아차리면서 바라보는 것이 가장 중요합니다. 순간순간 일어나는 마음을 그저 바라볼 뿐, 그것에 빠져들지 않습니다. 느낌이 좋으면 좋음을, 가벼우면 가벼움을, 부드러우면 부드러움을 알아차리며 지나갑니다.

다완 예열

뜨거운 찻물을 다완에 붓습니다. 다완 가득 김이 피어 오르는 것을 보며 차선을 천천히 적시면, 다완과 차선에 찻물이 촉촉이 스며들고 마음도 함께 예열됩니다.

다건을 들어 다완 안을 말끔히 닦습니다. 다건과 다완의 감촉, 다완을 드는 느낌, 다완을 닦는 느낌을 알아차립니다. 우리는 찻자리에서 느낄 수 있는 오감을 통해 지금 이 순간에 온전하게 머무르게 되며, 고요와 평온은 그 뒤를 자연스럽게 따라옵니다.

차 넣기

차시로 가루차 적당량1~1.5g을 다완에 덜어 놓습니다. 선명한 연두빛 가루차를 보며 어떤 마음이 일어나고 있나요? 가루차가 날리지 않도록 뜨거운 찻물50㎖을 다완의 측면을 따라 천천히 따릅니다. 주전자의 마지막 물 떨림 소리까지 온전히 듣고 바라봅니다.

연두빛 가루차는 뜨거운 찻물과 어우러져, 신록이 우거진 산에 피어오르는 안개처럼 그윽해집니다. 다완에는 푸른 안개가 가득합니다.

격불하기

왼손으로는 다완을 잡고, 차선으로 다완의 밑바닥을 닿을 듯 말 듯 하며 앞뒤로 힘차게 격불합니다. 마음은 고요하게 손은 힘차게, 몸과 마음이 하나가 되도록 합니다. 다완에 차선이 부딪히는 소리, 차선이 물을 가르는 소리, 차향, 그리고 서서히 피어나는 유화를 바라봅니다. 격불은 마치 산을 일으키는 역동적인 봄의 몸짓과 같습니다. 어느 정도 거품이 일어나면 서서히 격불의 세기를 줄여 갑니다. 격불은 고요한 알아차림 속에서 완성됩니다.

음미하기

어느새 다완에는 신록의 꽃 같은 아름다운 유화乳花가 피어 있습니다. 다완을 가만히 들여다보면 피어난 유화 송이송이마다 자신의 얼굴이 온전히 담겨 있습니다. 차와 나는 어느새 하나가 되어 다완에 담겼습니다.

다완을 양손에 감싸 그 감촉과 풍부한 부피감을 느껴 봅니다. 탕색, 다완을 맴도는 차향, 맛을 음미하며 세 번에 나누어 천천히 마십니다. 차를 마시면서 느껴지는 온몸의 감각에 집중합니다. 차를 입안에 잠시 머금고 있는 맛, 천천히 삼키면서 느끼는 맛의 변화, 삼킨 후 입안으로 되돌아오는 차향, 그리고 가루차가 온몸에 퍼져 나가는 감각을 느껴 봅니다. 진하면서도 부드러운 맛에 머릿속은 깨치는 듯 맑아집니다.

따뜻한 물을 부어 다완에 남아 있는 가루차를 말끔하게 마시면 입안 가득 차향과 그 맛이 느껴집니다.

신록 명상

차를 마시고 난 후, 눈을 감고 바르게 앉아 호흡을 바라봅니다. 가루차가 몸에 흡수되어 몸 구석구석을 초록으로 물들인다고 생각해 보길. 한 호흡을 더할 때마다 온몸은 에너지가 넘치는 푸른 산이 됩니다.

몸 안에서 일어난 푸른 산이 호흡을 따라 조화롭게 움직입니다. 우리는 산

이 됩니다. 산의 중심에서 호흡이 일어나고 산이 스스로 숨을 쉽니다. 산은 지금 고요와 평화로움으로 가득 차 있습니다. 입가에 미소가 떠오릅니다.

찻자리 정리

천천히 눈을 뜹니다. 다완에 물을 부어 천천히 마셔봅니다. 내 안의 푸른 산이 맑은 물과 함께 천천히, 촉촉하게 정화되어 갑니다. 찻자리를 정리하는 맑은 물 한 잔에 몸과 마음이 녹음 속에서 투명해지고 평화로워졌습니다.

퇴수기 명상

차를 마신 다음 퇴수기를 보지 않으면 당신은 숨은 아름다움을 놓치게 됩니다. 찻상에서 외따로 떨어져, 그 자리의 모든 것을 말없이 받아 주는 퇴수기. 거기에는 사라지는 것들을 정화하는 고요한 아름다움이 있습니다.

일상에서 퇴수기의 찻잎과 물은 거름으로 활용할 수 있습니다. 이를 조그만 항아리에 담아 2~3주 정도 삭혔다가 물과 1:1로 섞어서 집 안의 화분이나 화단에 주면 화초들이 윤이 반짝반짝 나며 잘 자랍니다. 퇴수기를 거쳐 항아리에서 잘 삭혀진 찻잎은 또 다른 생명으로 피어납니다.

소박한 찻상, 우아한 마무리를 간직한 퇴수기. 삶의 모든 순간이 꽃봉오리라고 한 어느 시인의 말처럼, 찻자리의 마지막 자리인 퇴수기에는 숨겨진 꽃봉오리가 깃들어 있습니다.

찻상 아래 퇴수기

찻자리의 숨은 향연饗宴

경쾌한 물소리

넘치는 차향茶香

아름다움의 탄성이

찻상 위에 가득합니다.

차의 향연을 위해

정성들여 다구를 씻어 낸 찻물

우려 낸 찻잎

이제 저 아래로 흘러갑니다.

찻상 아래

무심히 놓여 있는

저

눈 밖의 퇴 · 수 · 기로.

버려진,

한때 아름다웠던

꿈의 조각들이

이곳에서 아직 눈을 반짝입니다.

시간이 갈수록

더 낮춰지고

허물어지고

무너질 삶의 시린 편린들

지나간 시간에 대한 미련도

다가올 삶에 대한 두려움도

어느덧 스러져

여기, 퇴수기에서 고요히 머무릅니다.

차를 마시다

어쩌다 한 번,

찻상 저 귀퉁이

퇴수기를 잠시 바라봐 주세요.

무심한 세월 따라

묵은 하수구 속에서도

마침내

새 생명이 피어나듯,

퇴수기엔

삶의 밑바닥에서 잉태될

숨은 꽃들이 만발하답니다.

들리시나요.

저 저물어 가는 생명의 맑은 외침 소리가.

하수구에서 피어난 꽃들

폭언暴言과 묵언默言

폭언暴言이란

'난폭한 말'이라는 뜻입니다.

하지만

'지나치게 많은 말'도

폭언일 수 있습니다.

폭설과 폭언의 공통점은

첫째, 상대를 꼼짝달싹 못하게 합니다.

둘째, 치우는 데 시간이 많이 걸립니다.

셋째, 끝자락이 아름답지 않습니다.

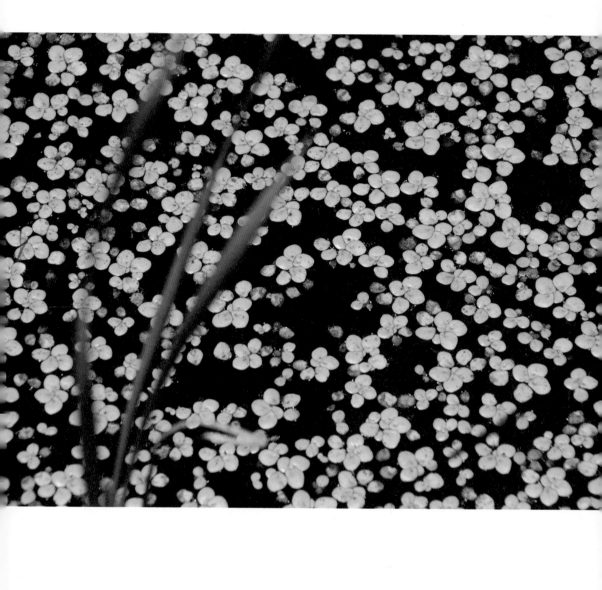

침묵은

겉으로 말이 없음을

의미하지 않습니다.

자신도 모르게 수많은 말들이

마음에 떠다니고 있다면, 그것은 묵언默言이 아닙니다.

묵언이 필요할 때가 있습니다.

묵언하며
내면을 바라봅니다.
상대방의 말에 귀 기울이며 그 말에 반응하는
나의 몸과 마음을 바라봅니다.

생각해 보면,
일상의 모든 순간이 명상하기 적당한 때입니다.

요즘 상상을 한다

나는 헨리 데이비드 소로*의 집에 산다.

밖을 나서면 인적 드문 까만 밤

머리 위엔 수많은 별들이 쏟아지고

나는 창가에 작은 불을 밝힌다

아침엔 숲길을 산책한다

젖은 풀밭

나무 사이 빛나는 햇살

새 소리에 명료해지는 마음

그곳은,

조용하다.

아주 조용하다.

아주 작은 집,

친구가 찾아오면

그의 향기로 가득 차는 집

성냥과 초는 필수품,

가볍고 담백한 식사

그리고 차茶 한 잔

가끔씩 5일장에 가서

붕어빵 입에 물고

자잘하고 소박한 시장을 보며,

웃는다.

＊ 헨리 데이비드 소로(Henry David Thoreau)는 1817년 매사추세츠 주 콩코드에서 태어났나. 그는 월든
호숫가 숲 속으로 들어가 손수 작은 오두막을 짓고 신선한 공기를 마시며 산책을 즐겼다. 그는 얽매임
없는 자유와 고독을 가장 친한 벗으로 여겼다. 그의 오두막은 벽난로와 침대, 책상과 의자 세 개가 전부
였다. 첫째 의자는 고독을 위해, 둘째 의자는 우정을 위해, 셋째 의자는 교제를 위해 마련해 놓았다. 깊
은 학문과 사색에서 나온 철학적 사유의 높은 경지에 이른 그는, 또 다른 삶을 살아 보기 위해 2년 6개
월간의 숲 생활을 마친 후 다시 생활인으로 돌아왔다. 소설 『월든(Walden)』, 명상일기인 『나를 다스리
는 묵직한 침묵』을 남겼다.

두
번째

다양한
차(茶)와 명상

특별한 다구가 필요하지 않습니다.
차茶 명상을 하기 위해서는.
다관과 찻잔,
그리고 잠시 쉬어 가는 마음이 필요할 뿐.
저는 이 찻잔 하나로 녹차, 홍차, 커피 등 여러 차를 마시곤 합니다.

찻잔 속에
단순하고 소박한 삶이 담깁니다.

다양한 차茶의 성품 이해하기

누군가를 사랑한다는 것은

그 사람의 다양한 성품을 알고 이해한다는 것이겠지요.

사람도 그러하듯 차를 제대로 느낀다는 것은

차에 대한 치우치지 않는 온전한 이해에서 비롯합니다.

찻잎, 맛, 색, 향, 젖은 찻잎

차가 품어 내는 분위기 등을 보며

온전히 차에 집중하며,

차가 보여 주는 세상을 섬세하게 느껴 봅니다.

차茶명상은

바쁜 일상 속에서 무뎌진 우리의 몸을 일깨웁니다.

차를 음료로만 국한하지 말고

여러 차가 가지고 있는 품성을 섬세하게 느껴 봅니다.

한계 지은 마음은 한계된 자각을 유도하기 때문입니다.

몸에서 일어나는 오감을 느끼고,

오감에 따라 절로 일어나고 사라지는 마음을 바라봅니다.

우리의 몸과 마음은 분리되어 있지 않습니다.

몸의 열쇠를 여는 것, 그것은 감각을 자각하는 것에서 시작합니다.

차는 몸의 무뎌진 감각을 일깨우는 훌륭한 도구가 됩니다.

2장에서는 다양한 차를 음미하며 우리의 몸과 마음,

그리고 삶을 통찰해 봅니다.

차가 보여 주는 세상, 그것은 삶의 또 다른 모습입니다.

마음, 그 신비하고 깊은 바다를 차와 함께 여행합니다.

곡우전차穀雨前茶를 마시면

'우전차 한 잔 마실까?' 하는

생각 한 자락에

마음은

이미 고요를 봅니다.

피어오르는

그윽한 차향 속에

호흡은

솜털마냥 부드럽게 일어납니다.

젖비린내

미처 가시지 않은

연두빛 어린 찻잎이 이끄는 세계,

마음은 저 아래 깊고 신비한 바다를 찾아 떠납니다.

우전차는 명상에 제격입니다.
녹차를 마시면 실제 명상할 때와 똑같은 뇌파가 만들어진다고 합니다.
녹차가 가진 그윽한 향과 풍취에 절로 고요해지기 때문입니다.

우리는 늘 피어나는 꽃송이를 가슴에 품고 있습니다.

꽃차 명상

주변을 곁눈질하며

자기다움을 잃어 갈 때,

꽃차를 마신다.

무뎌진 마음에 성성한 날을 세우고

넘어져 웅크린 꽃에

뜨거운 찻물을 적시면,

꽃은 투명한 바다 속에서 흔들리다

천천히 유영을 시작한다.

제 색과 제 향으로 물들이면서.

우리는 언젠가 때가 되면 피는 꽃이 아니다.

우리는 늘 피어나는 수많은 꽃송이를

가슴에 품고 있다.

깨어 있는 마음은

뒤척이는 세상 속에서

제 향을 날리며 생생한 꽃을 피우게 한다.

다시 피어나는 백련(白蓮)의 향기

보이차,
삶을 깨우는 경이의 바다

지금

이 순간,

한 덩이 차茶 안에선

생사生死의 사투가 벌어지고 있다.

끊임없이 일어나는

벌건 욕망들이

삭고 또 삭아 스러지다

무언가로 새로 또 새로 태어난다.

조각난 삶이 고스란히 담긴

해묵은 차茶의 파편은

드디어, 끓어오르는 뜨건 물에

가슴 벅찬 세례洗禮를 받는다.

묵음 속에서

천만 번 다시 태어나는

치열한 삶은 맑은 차훈茶薰으로 피어

찌든 오감五感 구석구석을 닦는다.

투명한 다신茶神이

일렁이는

저 홍갈색 깊은 바다를

천천히 마시면

묵은 삶의 뒷그림자는

그윽한 차향으로 사라지고,

온몸엔 생生의 열熱이

들꽃처럼 새로 일어난다.

보이차 다관-자사호

보이차를 아시나요?

보이차는 '후발효차後發酵茶'라고 합니다. 보통의 차가 일정한 기간이 지나면 가치가 떨어지고 변질되는 데 비해, 보이차는 생산된 후에 적당한 조건에서 보관을 잘하면 시간이 오래될수록 맛과 향, 탕색이 농익어 더 좋은 차가 되기 때문입니다.

보이차의 맛의 비밀은 바로 찻잎 내부에 서식하는 미생물이 품어 내는 효소에 있습니다. 차 내부의 수많은 미생물이 찻잎을 영양분 삼아 자신의 효소를 내보내며 끊임없이 차의 성분을 변화시키고 있습니다.

즉, 딱딱하고 건조해 보이는 보이차 한 덩어리 속에서는 끊임없는 생명의 역동이 일어나고 있는 것입니다. 생명의 보이지 않는 오랜 노력으로 보이차는 특유의 해묵은 듯한 깊은 맛을 냅니다.

생명의 끊임없는 발효, 이러한 보이차의 특성을 안다면 보이차를 단순히 맛으로만 평가할 수 없을 것입니다. 보이차를 마시고 몸과 마음에서 발열하는 생명의 역동을 느껴 보세요.

커피 한 잔과 고독한 수행자

-일상에서의 짧은 은거隱居

컴퓨터, 서류, 휴대폰……

아주 잠시

옆으로 밀쳐 두고

뜨거운 커피 한 잔을 벗 삼아

저만의, 마음의 은거隱居에 들어갑니다.

특별하지 않습니다.

단지 커피 향 맡고, 마시고,

따뜻한 머그잔의 감촉을 느낄 뿐이지요.

그리고 눈을 감고,

안에서 일어나고 사라지는 호흡을 바라봅니다.

편안한 호흡 속에서

마음엔 따스함이 차오릅니다.

커피와 단 둘이 마주하는 이 시간.

저는 고독을 즐기는

꽤 괜찮은 수행자가 된 듯합니다.

이제

마음속 작은 오두막 문을 열고 나와,

성큼성큼

세상 속으로 들어갑니다.

세상을 탐험하는 자유로운 여행자가 되어.

세상 탐험

홍차가 이끄는 세상

홍차에는 밝고 발랄한 기운이 가득합니다.

우울하거나 쓸쓸할 때

홍차를 마시며

일어나는 힘을 얻으시길…….

짙푸른 산도 홍색의 열정에 전염됩니다.

홍차와 함께 트위스트를

- 점핑Jumping을 바라보며

홍차를 즐기는 이라면 아마 알 것입니다.

홍차를 마시면 마음이 왜 일렁이는지

왜 이렇게 들뜨면서도 순수해지는지를.

뜨거운 물을 부으면

찻잎들은 통통 튀어 오르며 즐겁게 점핑합니다.

아이처럼 춤을 추며 마음껏 피어오르죠.

오랜 설렘과 기다림 끝에

마침내 이토록 아름다운 세상을 만나

그들은 자기만의 춤을 춥니다.

우리, 홍차의 열정에 스텝을 맞춰 볼까요.

빛나는 골드링에 담긴 홍차의 꿈을 마시며,

그들의 점핑은 우리의 점핑이 됩니다.

그들의 점핑은 우리의 점핑이 됩니다.

차의 향기

차의 훈茶薰과 향은

차에서 느낄 수 있는 여러 감각에

집중하며 마음을 바라볼 수 있는 좋은 대상입니다.

향기 명상을 위해서는

다완같이 조금 큰 찻잔이 좋습니다.

풍부한 향을 머금고 있으니까요.

차에서 삶의 향기를 배웁니다.

오감을 정화하는 풍부한 차훈과 향을 느껴 보시길······.

향기 명상
– 사라짐 바라보기

오롯이 차향을 맡을 준비가 되셨나요.

눈을 감고 호흡 한 번, 또 한 번……
매 순간 호흡에 향기가 달라집니다.
향기에 집중하며 느껴 봅니다.

찻잔에서 머뭇거리며 일어나는 향

서서히 농익어 피어나는 향

어느새 흩어지고 부서지는 향

다 마시고, 빈 찻잔에 배어 있는 향

목 뒤에서 천천히 되돌아오는 향

그리고 다시 입안 가득한 향

눈을 감고,

혀를 입천장에 대고 가만히 바라보세요.

지금 무엇이 느껴지나요.

차향처럼

당신도, 나도 그리고 우리의 삶도

순간순간 변화하고 있습니다.

머무름 없는 향을 바라보며

영원과 집착의 어리석음을 내려놓는 연습

지금 이 순간 차와 내가 하나 되는 연습을 하곤 합니다.

홍차를 느끼다

홍차의 세계는

말할 수 없이 매혹적입니다.

많은 이들이 홍차를 좋아하는 이유는

그 풍부함과 세련된 매력 때문이지요.

순식간에 마음을 사로잡는 홍차는

감각의 바다라고 해도 과언이 아닙니다.

무뎌진 감각을 일깨워 오감에 빠르게 집중시키고

마음을 금세 다른 곳으로 데려갑니다.

이러한 홍차의 특징을 알고 느낀다면

우리는 다양한 홍차를 적절하게 활용하여

내면으로의 여행을

보다 풍부하게 할 수 있습니다.

놀랍도록 다양한 맛과 향을 지닌 홍차를 마시며,

순간순간 일어나고 사라지는 그 감각을 느껴 보세요.

힘들고 지친 오후,

햇살 비치는 창가에 앉아

마음을 치유하는 홍차 한 잔 어때요.

지금 어떤 마음이 일어나고 있나요?

다르질링 홍차

세계 3대 홍차는

인도의 다르질링darjeeling, 스리랑카의 우바uva, 중국의 기문홍차祁門紅茶입니다.

홍차의 샴페인이라고 불리는 다르질링은 대중적인 인기를 누리고 있습니다.

특히 봄에 수확하는 다르질링 퍼스트 플러시first flush는

초록빛이 반짝이는 통통한 찻잎에 실버팁silver tip이

가득 들어 있는 최상급 차입니다.

다르질링은 풋풋하고 신선한 맛과

풍부한 백포도주향muscatel으로 세계인들을 매혹시키고 있습니다.

다르질링 홍차를 마시며

차가 선물하는 다양하고 풍부한 감각을

느껴 볼까요.

다르질링을 추억하며

　　-붙잡을 수 없는 것의 아름다움

그녀에게서 열이 오른다.

눈을 감아야 한다.

그리고,

뜨겁고 선명한 키스!

풋풋하고 부드럽고 상큼한······

혀에서 깡충깡충 뛰며 저만치 달아난다.

시시각각 달라지는 변화무쌍한 그녀!

아

단 한 번 만남,

숨 막히는 꽃향 찻잔에 남기고

그녀가 사라졌다.

When she's gone, she's gone!(一期一會)

우바 홍차

스리랑카 홍차인 우바uva는

홍차 중에서 가장 아름다운 홍빛을 띠고 있으며

골드팁gold tip이 많이 함유되어 있는 세계 최고의 고품질 차입니다.

우바 홍차와 선홍빛 탕색

내 안에 고요를 만나다

우바는 주로 스트레이트티나 밀크티로 마시기 때문에

첫 잔만 마시곤 합니다.

첫 잔에 가장 우바다운 맛과 향을 느끼기 때문이지요.

하지만 우바의 바른 성품을 알기 위해선

우바의 모든 것을 좀 더 오래 지켜볼 필요가 있습니다.

멋진 우바가 사라져 가는 모습은 우리의 삶과 비슷하니까요.

우바가 사라져 갈 때

첫 잔,

처음 우바를 마실 때

행여 정신을 잃을지 모르니

꼭 마음의 준비를 잘 해야 합니다.

짙푸른 숲에서 이슬을 털며 이제 나온 듯한 여인의

도도하고 날카로운 향기에 금세 매혹되어 버릴 테니까요!

둘째 잔,

음, 첫 잔에서 피어나던 숲의 향기를 조금 기억할 수 있어요.

그래도 아직 그녀의 뺨과 입술은 붉어요.

부서지는 도도함, 담담해진 향기

셋째 잔,

앙상해진 숲 향 따라

사라졌습니다.

우바에서 일어나고 사라지는 풍부한 감각을 비평 없이, 있는 그대로 느껴 보시길…….

기문홍차의 힘

중국이 만들어

영국을 사로잡은 기문홍차祁門紅茶에는

홍차 특유의 발랄한 상쾌함과는

판이하게 다른 매력이 담겨 있습니다.

섬세하고 가지런한 찻잎에서

전혀 예상치 못한 묵직하고 중후한 분위기

짙은 훈연향燻煙香 아래로 깔리는 부드럽고 뭉근한 맛

그리고 은근한 난향마저 느낄 수 있습니다.

기문홍차와 탕색

그의 향에 귀 기울이고 있으면

마치 경건한 눈빛을 가진 어느 은발의 신사가

고요한 안개 속에서 사색하며

저벅저벅 걸어오는 듯합니다.

기문을 마시고 눈을 감으면,

호흡은 벌써 저 아래에서 편안하게 일고

가슴엔 알 수 없는 세계에 대한 설렘도 지나갑니다.

기문홍차는 우리를 깊은 내면의 세계로 안내하는 듯합니다.

기문홍차의 이미지는 아마 이 그림과 같을 것입니다.

티 샤워
–차茶로 몸과 마음을 씻다

차를 즐기고 다양한 차를 가지고 있다면 '티 샤워tea shower'를 해보시기 바랍니다. 티 샤워를 한 번도 해본 적이 없으시다구요? 차 속에서 목욕하는 것은 절대 아니니 오해하지 마시길. 마치 고로쇠 물을 먹듯이, 다양한 종류의 차를 마시면서 몸과 마음을 씻는 것입니다. 다음 내용을 참고해서 한번 시도해 보세요. 그러면 티 샤워의 매력에 빠져들 겁니다.

먼저 찻상, 다양한 차, 찻물, 간단한 다과, 퇴수기 그리고 찻상 옆에 다양한 차를 마실 수 있는 두세 종류의 찻잔을 미리 준비합니다. 티 샤워는 반드시 식사 이후에 하며 늦은 저녁시간은 수면에 영향을 줄 수 있으니 피하십시오.

좋은 물은 차를 더욱 부드럽고 깊이 있게 만듭니다. 정수기물보다는 생수1인당 1~1.5리터 정도, 또는 작은 옹기항아리에 하루 전에 수돗물을 가득 채워 놓고 그늘에 두어 침전물을 가라앉혀 사용하면 됩니다. 이 물은 차를 씻고洗茶, 다구를 예열하거나, 차를 우릴 때 사용됩니다.

찻물은 차가 바뀔 때마다 새로 끓여야 제 맛을 느낄 수 있으므로, 찻상 옆에 전기주전자스테인리스 재질 등을 준비하면 편리합니다. 좀 전에 끓였던 물이 조금 남아 있으면, 거기에 새 물을 보충하여 끓여 신선함을 살립니다. 그러나 흔히 사용하는 보온물통의 물은 이미 끓은 물이라 노숙老熟되어 생기가 없습니다. 그리고 차의 맛을 현격하게 떨어뜨리니 별로 권하고 싶지 않습니다.

다과는 떡, 과자류 등으로 간단하게 준비하되, 담백한 식빵이 몇 조각 있으면 더욱 좋습니다. 식빵은 차가 바뀔 때마다 조금씩 뜯어 천천히 먹으면, 입을 헹궈 주어 지금 마시는 차의 맛을 오롯이 느끼게 도와줍니다.

차를 마시는 순서는 나중으로 갈수록 부드러운 차가 좋습니다. 녹차, 청차, 황차, 홍차, 후발효차보이차, 떡차 등, 허브차 등 자신이 가지고 있는 여러 차를 부드러운 순으로 적절히 배치하면 됩니다. 특별히 차에 예민한 사람은 후발효차나 카페인이 없는 허브차 등을 중심으로 하는 것이 좋습니다.

그런데 경험상 녹차, 홍차, 가루차를 함께 병행하지 않는 것이 좋습니다. 몸에 강한 일렁거림이 느껴져 위에 부담이 될 수 있으니까요. 그리고 티 샤워를 할 때는 차를 평상시보다 조금 연하게 우리는 것이 편안합니다. 여러 차례 티 샤워를 하다 보면 자신의 몸에 적합한 차의 종류와 그 순서를 알게 됩니다.

티 샤워를 정리하는 마지막 차로 백탕白湯, 즉 끓인 물 한 잔을 잊지 마시길. 맑은 물이 혀에 닿아 젖어들 때, 여러 차의 여운이 느껴집니다. 그리고 입안을 깔끔하게 헹궈 줍니다.

혼자서 하는 티 샤워도 좋고 차를 좋아하는 지인 한두 명과 오붓하게 하는 것도 좋습니다. 혼자서 티 샤워를 할 때는 차의 다양한 특성을 느끼며 천천히 마시고, 잠시 책을 읽거나 눈을 감고 명상을 하다 보면 한두 시간은 금세 흘러 갑니다.

마음에 맞는 지인과 찻잎, 탕색, 차훈, 맛, 차향의 느낌 등을 서로 공유하며 자연스럽게 차에 대해 이야기하고, 물이 끓고 있는 여백의 시간마다 이런저런 세상 이야기를 차분하게 나누다 보면 두세 시간이 훌쩍 지나 버립니다.

처음에 티 샤워를 할 때는 이 많은 물을 배가 불러서 어떻게 마실까 하는 생각도 들지만 다과를 간단히 곁들이며 차를 마시다 보면 곧 익숙해집니다. 그리고 어느 정도 시간이 지나면 두세 차례 이상 화장실을 가게 되는데 소변 색이 갈수록 맑아짐을 볼 수 있습니다.

이렇게 티 샤워를 하고 나면 몸과 마음이 가벼워지고 맑아짐을 느낄 수 있습니다. 말 그대로 차로 우리 몸속을 씻고 좋은 차의 기운을 흠향했기 때문에 정신이 아주 깨끗해집니다. 물은 가장 중요한 미네랄의 공급처입니다. 좋은 차를 마시며 몸 전체를 헹구어 낸 느낌이 과연 어떨지 경험해 보시기 바랍니다.

시도해 보고 싶지만 혹시나 잠이 안 올까 걱정된다면, 이 책에서 제시하는 와선臥禪 방법을 참고하시기 바랍니다. 잠이 안 오는 그 날을 '누워서 와선을 해 볼 수 있는 절호의 기회'로 생각하시면 어떨까요. 백 년도 못 사는 인생, 하룻

밤 잠 못 이룬다 하여 특별히 달라질 것은 없으니 과감히 도전해 보고 자신만의 티 샤워 취향을 탐구해 보시기 바랍니다.

가끔은 차에 취해 맑게 흔들리고 싶습니다.

명상은,
자기 밖에서 내면을 바라보는 것입니다.

세
번
째

명상,
아름다운 중독

누군가
산사에서 무엇을 했냐고 물으면 난감합니다.
특별히 한 일이 없습니다.
그저 하루 종일 마음을 바라보며
앉고 또 걸을 뿐……
하지만 그 단순한 행위의 반복이 주는
맑음과 자유로움은 잊을 수 없습니다.

산사山寺에서
–단순함이 주는 선물

차 한 잔 마시고
눈 지그시 감고 앉아
마음을 바라본다.

호흡이 들고 남에 따라
배는 '부름' '꺼짐'
순간순간 호흡을 관찰한다.

일어나서 걷는다.
왼발이 나갈 때 왼발임을 알고,
오른발이 나갈 때 오른발임을 안다.

이 터무니없이

단순한 행위 속에 일어나는

상쾌한 지루함, 자유로움과 활기.

하루 종일

단지 앉고 걸으며

더딘 수행자, 청정한 산사에서 날을 잊는다.

산사에서 느끼는 청정함

명상에서 경험하는 것

1. 깨어 있는 마음으로 마시는 차 한잔은 명상을
촉촉하게 만듭니다.

2. 눈을 감고 호흡을 바라봅니다. 이런저런 생각이
구름처럼 일어납니다.

3. 타오르는 번뇌를 없애려 애쓰지 말고 그저 바
라보고 지나갑니다.

4. 번뇌를 알아차리면 문득 사라집니다.

내 안에 고요를 만나다

5. 때로 맑고 편안함을 느끼지만,

6. 어느 순간 생각의 바다에 순식간에 처박히기도 합니다.

7. 때로 홀로 외딴 곳에 있는 아이처럼 느껴집 니다.

8. 이 맑고 느린 시간 속에 세상을 거꾸로 바라 봅니다.

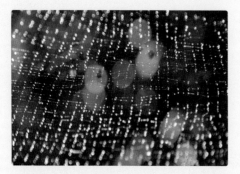

9. 나와 함께한 세상 여러 인연들에게 깊은 감사의
눈물이 솟아납니다.

10. 수많은 생각, 바라볼 때마다 하나하나 떨어져
내리고

11. 청정한 기쁨을 맛봅니다.

12. 앞으로도 세상의 길은 끝없이 펼쳐지겠지만.

깨어 있는 마음으로
내면의 꽃밭은 계속 성장할 것입니다.

텅 빈 마음, 빈 배처럼

마음을 바라보다…….

"당신은 누구입니까?"

문득,

그 한마디에 눈물이 솟습니다.

와선臥禪의 즐거움
– 잠자리에서 즐기는 명상

차를 즐기지만 몸이 다소 예민한 사람은 밤에 혹시 잠이 안 올까 봐 꺼려하시는 경우가 종종 있습니다. 좋은 차를 마시고 싶지만, 혹시 불면의 밤이 될까 두려우신 분께 잠자리의 와선을 권합니다.

와선에서 중요한 것은 다음과 같습니다.

첫째, 내 몸과 마음에 대한 호기심과 탐구심을 갖는 것이 중요합니다.

이것은 나에 대한 객관적인 탐구 시간입니다.

둘째, 호흡에 중심을 둡니다.

호흡을 관찰하는 지점은 코밑, 입술 위, 배 등 상관없습니다. 자신이 가장 잘 관찰할 수 있는 지점에서 호흡을 관찰하면 됩니다. 주의가 호흡에서 벗어나 신체적 감각, 생각 등 다른 대상으로 갈 때마다 곧바로 알아차리고 다시 호흡을 관찰합니다. ('기대' '걱정' '가려움' 등 일어나는 마음에 간단한 명칭을 붙이고 호흡으로 돌아가는 것이 도움이 되기도 합니다.)

셋째, 제3자의 관점을 잊지 않습니다.

어떠한 생각이나 감정에 빠지지 않습니다. 내면에서 일어나는 것을 제3자처럼 바라보고 호흡으로 돌아가 호흡을 관찰합니다.

와선의 과정

하나,
편안한 마음으로 누워
호흡을 관찰합니다.
우리는 호기심과 탐구심을 가지고
몸과 마음을 바라보는 제3의 관찰자가 됩니다.

둘,
호흡을 관찰하다,
생각이 떠오르면 '생각', 가려우면 '가려움' 이라고
속으로 말하며 관찰합니다.
일어나는 대로 바라보고 다시 호흡으로 갑니다.

1과 2를 계속 반복합니다.

셋,
서서히 몸이 물결처럼
출렁이는 듯합니다.
그러면 '물결' 하고 되뇌고
다시 호흡으로 돌아갑니다.

넷,
물결의 파장이 점점 느려집니다.
'느려짐' 하고 되뇌고
다시 호흡을 바라보다가
어느 순간…… 잠에 빠집니다.

내면으로의 여행 1

명상은
마음의 흐름을 바라보는 것입니다.

마음의 흐름

명상은

마음이 가는 대로

그 흐름을 알아차리는 것입니다.

마음을 바라보면

한 마음이 다른 마음에 이르기까지

그 작용을 관찰할 수 있습니다.

일상에서 이 과정은 매우 빠른 시간에 일어나기에

정신을 차리면, 이미 마음은 그 종착지에 가 있습니다.

그래서 깨어 있지 않으면

자동적으로 살아지게 됩니다.

새 아침은 늘 밝아 오지만

그 마음엔 새로움이란 찾을 수 없습니다.

항상, 같은 마음의 고속도로를 달려가기 때문입니다.

열려 있는 마음이란,

자유로운 마음이란,

늘 새로운 선택을 할 수 있는 마음입니다.

마음의 흐름을 바라보면 마음자리를 돌이킬 수 있습니다.

깨어 있는 마음은,

매 순간 열려 있는 가능성입니다.

함께 떠나면 좋은 길, 그 길에 벗이 있어 더욱 풍요롭습니다.

내면으로의 여행 2

어느 날
명상 속에서
온몸을 뒤흔드는
거센 바람과 마주쳤습니다.
회오리바람은 저를 내동댕이치듯 쓰러뜨렸습니다.
견고할 것 같았던 저의 자아는 힘없이 부서지고 말았습니다.

어느 날 꿈을 꾸었습니다

꿈속에서

제 방은 작지만

말끔한 벽지로 잘 발라진

아주 깨끗한 방이었습니다.

어느 날

천장에 작은 구멍이 생기고

그 속에서 셀 수 없이 많은 고양이가

방바닥으로 떨어지고 또 떨어졌습니다.

엄청난 공포 속에서

고양이와 싸우고 또 싸웠습니다.

하지만 없앨수록 고양이는 더 늘어나고

저는 힘에 부쳐 어찌할 바를 몰랐습니다.

결국,

그 방은 굶주린 고양이 떼로 득실대고

저는 엄청난 두려움에 압도된 채

꿈에서 깨어났습니다.

생각하니

아, 번뇌였습니다.

고양이 떼는 저의 번뇌였습니다.

번뇌를 없애려 몸부림치는 것은 부질없는 일이었습니다.

꿈에서

번뇌의 끝을 보았습니다.

그리고 명상을 다시 숙고하게 되었습니다.

'일어나는 대로 그저 바라보고 지나가게 해야 하는구나.'

그렇지 않으면, 고통의 더미에서 헤어날 수 없음을 깨달았습니다.

흔들리면 흔들리는 대로 바라보세요.

뜨거운 눈물, 차가운 눈물

가슴이 기억하는 상처가 있습니다.
호흡을 바라보는데
가슴 어디에선가 호흡이 걸립니다.
'걸림'
속으로 되뇌며 바라봅니다.

어딜까.
마음속 그곳은
상처 위에 살이 자란 듯 불룩합니다.
바라보다 순식간에
가슴 어딘가에 빨려 들어갔습니다.

알 수 없는 슬픔이 솟구쳐 오르고
뜨거운 눈물이
복받쳐 주르륵 흘러내립니다.

'슬픔' …… '아픔' ……

한참을 바라보며 되뇌니 아픈 마음도 사라져 갑니다.

그러다 문득

아픔에 더 머무르려 하는

숨어 있던 마음의 끝자락을 보았습니다.

가슴에 새겨진 눈물도 아픔도 집착이었습니다.

그 마음마저 바라보니 슬픔은 완전히 사라졌습니다.

그런데

그 덧없는 사라짐에 또 눈물이,

무상無常의 눈물이

차갑게

'툭' 떨어졌습니다.

내면으로의 여행 4

마음은 새로운 세계입니다.
그 세계를 배우기 위해
우리는 엎드려 겸허하게 탐구합니다.

가슴속 서랍장

명상을 하면서
가슴속에 켜켜이 쌓여 있는
여러 감정을 만나게 됩니다.

때론
마음 저 아래 새겨진 듯한
아주 오래된 상처도.

그 상처는
그것에 대한 '기억'은 사라지고
'감정'만 한가득 몸속 깊이 고여 있는 듯합니다.

가슴속 깊이 서랍이 하나둘 열릴 때

몸에 엄습하는 알 수 없는 분노, 회한, 슬픔……

어느 적엔 그것은 삶을 버텨 낸 힘이기도 했겠지만,

지금의 나를

어느 순간 송두리째 흔들 수 있는

숨겨진 버튼임을 깨닫습니다.

이 더미들이 '나' 인가

'나는 누구인가' ……

묻고 또 묻습니다.

그래서 명상은 끝없는 자기치유의 과정인가 봅니다.

홀로 마시는 차,
그러나 혼자가 아닙니다.
나무, 새
그리고 스치는 바람이
좋은 벗이 되어
내면으로의 여행을
지켜 주고 있습니다.

무거운 짐 벗기

머리를 깨치는

차 한 잔 마시고

눈 감고 호흡을 바라봅니다.

달아나는 마음

호흡에 의지하여 묵묵히 바라보면

뜻밖의 것과 만나게 됩니다.

미처 깨닫지 못했던 생각

벅차오르는 감사

빛 그리고 희열喜悅

바라보고 호흡으로 돌아오면

무거운 짐이 하나둘 내려지는 듯

호흡은 나무 끝에 살며시 앉은 나비처럼 포근합니다.

가만히 눈을 뜨면,

온몸에 가득한 평화로움

차 한 모금에 텅 빈 무언가가 촉촉하게 씻겨 내립니다.

용서명상의 방법

치유治癒는 스스로의 마음을 바라보고 정화淨化하는 데서 비롯됩니다. 용서명상容恕冥想은 겸허하게 자신을 내려놓음으로써 마음을 정화하는 방법입니다. 정화된 에너지는 자유로움과 감사의 마음을 샘솟게 하고, 새로운 시각으로 삶을 바라보게 합니다.

다음은 용서명상의 방법입니다.

■ 조용한 곳에 소박한 찻상을 준비합니다.

■ 차가 우려지는 동안 마음을 가다듬고 바르게 앉아, 열 번 이내로 편안하게 들이쉬고 내쉬며 자연스럽게 호흡합니다(호흡명상 참고).

■ 차가 우려지면 차훈, 차향, 맛, 촉감 등 다양한 감각을 알아차리며 천천히 마십니다. 차의 맑은 기운으로 몸과 마음을 정화한 다음, 이 용서명상을 시작한다고 생각하면 좋겠습니다.

■ 허리를 펴고 편안하게 앉습니다. 눈을 감고 자연스럽게 호흡하며 마음속으로 다음의 말을 되뇝니다. 이들은 닫힌 자물쇠를 살며시 여는 열쇠처럼, 응어리진 마음을 정화하는 조용한 힘을 가지고 있습니다.

"미안합니다. 저를 용서해 주세요. 당신을 사랑합니다. 고맙습니다……"

■ 고요한 호흡 속에서 되뇝니다. 마음을 다해 여러 번 반복할수록 마음은 정화되고 또 정화됩니다. 그 속에서 일어나는 마음도 바라봅니다.

■ 가만히 눈을 뜹니다.

마치 세례洗禮와도 같은, 맑은 차를 마십니다.

용서는 가시가 빛이 되게 합니다.

고통의 가시가

가득한 우리네 삶.

용서는 상처로 빛을 만듭니다.

그래서 가시 스스로 빛을 발하게 합니다.

조금만 멀리서

우리의 삶을 바라보면,

가시 하나하나가 빛으로 반짝입니다.

저마다의 빛이 한데 모여 아름답게 빛나고 있습니다.

용서 명상
　－내 안의 사막에서 피어난 꽃

누군가가 던진 가시 하나가
미움의 씨앗이 되어
순식간에 수많은 가시를 돋게 했습니다.

참을 수 없는 미움이
들끓어 올라 마음을 불덩이로 만들 땐
서둘러 가시를 쑤셔 심었습니다.

내 안에 가득한 수많은 생채기와 가시……
이제는 가시를 뽑고 싶습니다.
내가 아파 견딜 수 없기 때문입니다.

미안합니다.
고맙습니다.
사랑합니다.
그리고 용서해 주세요.

날마다 차 한 잔 앞에 두고

두 눈 꼭 감고 내 안의 가시들에게 말을 걸었습니다.

"저를 용서해 주세요."

어느 날

깊은 차향 마음 가득 차오르는데

참을 수 없는 눈물이 폭포처럼 쏟아졌습니다.

메마른 사막에 그토록 오래

홍수같이 퍼붓던 눈물은

가시 사이에 꽃 한 송이 피우고 사라졌습니다.

자애명상의 방법

자애명상慈愛冥想은 내 뜻대로가 아니라 절대자의 뜻대로 혹은 가야 할 흐름대로 상황이 잘 흘러가길, 그리고 그 안에서 우리가 평안하고 행복하기를 기도하는 것입니다. 마음을 집중하여 가슴에서 우러나는 사랑을 보내야 합니다.

자애명상의 대상을 정할 때, 처음에는 쉽게 사랑을 보낼 수 있는 이를 선택해야 집중이 잘 됩니다. 마음 가는 대로, 자애를 보내고 싶은 대상을 정해서 편안하게 시작해 보시기 바랍니다. 처음 시작할 때는 가족, 친한 벗 등이 적합할 것입니다.

기도는 이 세상 무엇보다 아름다운 명상입니다.

- 찻상에 두 개의 찻잔을 준비합니다. 하나는 자신의 것이고, 다른 하나는 사애를 보내고 싶은 대상의 것입니다.

- 차가 우려지는 동안 마음을 가다듬고 바르게 앉아, 호흡수를 세며(열 번 이내) 자연스럽게 호흡합니다. 호흡이 들고 나는 것을 가장 분명하게 느낄 수 있는 지점(배, 코끝 등)에서 호흡의 성품을 관찰합니다(호흡

명상 참고).

■ 차를 따릅니다. 한 잔은 자애를 보내고 싶은 대상에게 놓습니다(마음속으로 그 대상을 초대합니다.). 그런 다음 내 앞에도 찻잔을 놓습니다. 차훈, 차향, 맛, 찻잔의 촉감 등 다양한 감각을 알아차리며 천천히 마십니다.

■ 눈을 감고 허리를 펴고 편안하게 앉습니다. 자애명상의 첫 대상은 자기 자신입니다. 내가 행복하고 평안할 때 누군가에게 사랑을 더 충만하게 전해 줄 수 있기 때문입니다. 자연스럽게 호흡하며 마음속으로 여러 번 되뇝니다. 집중이 되기 시작하면 서서히 가슴이 따스해질 것입니다.

"내가 위험에서 벗어나길, 내가 마음과 몸의 고통에서 벗어나길, 내가 행복하고 건강하게 잘 지내길……."

■ 다음으로 자애를 보내고 싶은 대상의 웃는 모습, 행복한 이미지를 가슴에 가득 띄웁니다. 입가에 미소를 띠고, 그 이미지를 바라보며 마음을 다해 되뇝니다.

"(　)가 위험에서 벗어나길, (　)가 마음과 몸의 고통에서 벗어나길, (　)가 행복하고 건강하게 잘 지내길……."

마음을 다해 기도할수록 그 대상은 가슴속에서 더 밝고 행복한 미소를 짓습니다.

■ 이제 마지막으로 내 주변의 모든 생명을 위한 사랑을 보냅니다. 우리는 모든 생명과 연결된 존재입니다. 그들의 평안이 곧 나의 평안입니다.

"세상의 모든 생명이 위험에서 벗어나길, 마음과 몸의 고통에서 벗어나길, 행복하고 건강하게 잘 지내길……."

가슴이 따스해지고 온몸을 감싸 주는 포근함을 느끼셨나요?

■ 가만히 눈을 뜹니다. 한 번 더 차를 우리고 마시며 일어나는 마음을 바라봅니다. 자애명상을 처음에는 10분 정도 가볍게 시작하다가 점차 늘려 가시기 바랍니다.

■ 조용히 일어나서 다관, 찻잔 등을 정리합니다.

자애명상

– 해처럼 밝고 담대한 사랑

행복을 바라는 마음,
그것은 어느새 기도가 됩니다.

홀로 있는 시간
소박한 차 한 잔에
마음이 고요해지면,

두 눈 감고
가슴 가득
나와 그들의 환한 웃음을 담습니다.

"나와 누군가와
그리고 이 세상의 모든 생명이
위험에서 벗어나길
마음과 몸의 고통에서 벗어나길
행복하고 건강하게 잘 지내길."

기도할수록

내 미소는 그들의 미소가 되어

마음은 포근하고 따스해집니다.

순수한 바람은

보이지 않아도, 들리지 않아도

누군가에게 햇살처럼 가 닿습니다.

작은 사랑의 빛이

동심원처럼 멀리 번져

해처럼 밝고 담대해지기 때문입니다.

사라지는 것의 아름다움

널빤지 떨어지고

빛바랜 정자亭子의 문짝

스러져 가는 정자같이

나이 드신 할아버지

사그라지는 가을 빛 속에

아무렇지 않게 한 잔의 차를 마시며

할아버지는 정자가 되고

정자는 할아버지가 되어 갑니다.

자연의 이치에 순응하고

자연의 변화에 따르며

피고 지는 꽃처럼

우리도 그렇게 돌아갑니다.

끽다거喫茶去

미련도

애착도 버리고

바람을 박차고 나간 저 꽃처럼

박수칠 때 떠나라.

흐름 따라 인연 따라

모든 것은 가고 오는데

나는 지금 무엇을 붙들고 있는가…….

식은 찻잔

앞에 두고 조주선사趙州禪師에게 길을 묻다.

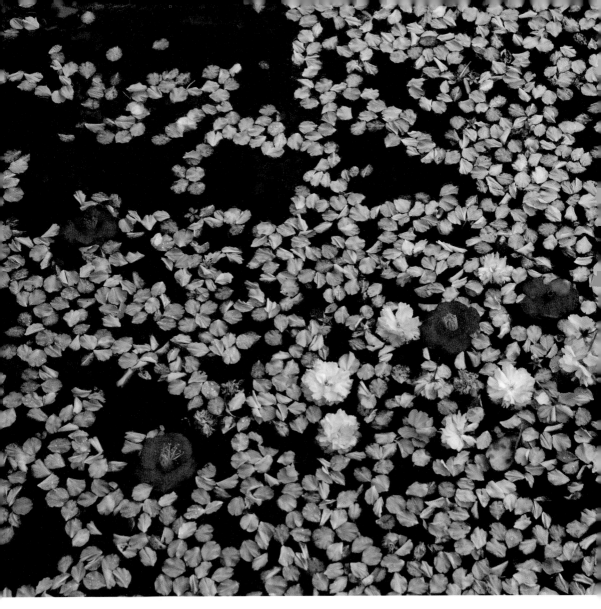

가게 하기(Letting it go)

소멸이 수많은 탄생(誕生)이 되는 삶
우리도 이들처럼……

부패와 발효

그날도 티하우스Tea House에서는 여느 날처럼 차를 마시며 품평하고 있었습니다. 일주일에 한 번 있는 티하우스의 수업은 시간 가는 줄 모르고 진행됩니다. 차에 집중하다 보면 몇 시간이 후딱 지나 버립니다. 몇 년째 배우고 있지만 차 수업은 늘 새로움과 감동을 줍니다.

"이 보이차는 농익은 감칠맛에 깊이가 있으면서도 깔끔한 뒷맛이 있지요? 저한테 이 차가 있었던 세월만 해도 어언 십 년이니, 십 년이 훨씬 넘은 차예요. 잘 익었어요."

차와 함께한 세월이 삼십 년이 넘으신 선생님은 익숙하고 편안하게 차를 우립니다. 찻상 위에 놓여 있는 적갈색 보이차는 한눈에도 발효가 잘된 듯, 찻잎이 살아 더글더글 일어나는 것처럼 보였습니다.

다음으로 '용정차'를 꺼내 우립니다.

"음, 이 차는 본래의 향, 맛을 잃었네요. 미묘하지만 느껴지지요? 조금씩 산화되고 있어요. 이 차는 이제 가고 있네요. 버리도록 하지요."

버려지는 차를 보며 왠지 가슴이 서늘해집니다.

보이차는 적당한 공기, 온도, 습도 속에서 미생물의 효소가 새롭게 생성되어 갈수록 농익고 편안한 맛을 냅니다. 보이차가 세월이 갈수록 더 가치 있는 차로 거듭나는 비밀은 바로 이러한 발효에 있지요. 반면 좋지 않은 환경에서 차는 곧 산화되어 부패하고 맙니다. 부패된 용정차도 한때 신선하고 부드러웠을 것입니다.

'차의 부패와 발효'
'부패하는 삶과 발효하는 삶'

늦은 밤 티하우스에서 집으로 향하는데, 마음속에서 '녹슨 삶'이라는 단어가 불쑥 튀어나옵니다. 산화가 시작된 찻잎 하나에 서서히 부패해 가는 차처럼, 녹슨 마음자리 하나가 삶 전체를 삼켜 버리지 않을까요.

어쩌면 삶의 부패와 발효는 마음 한 끝 차이일지 모릅니다.

명상을 통해 자유의 날개를 되찾습니다.

하지만 가장 소중한 것은,

지금 우리가 힘껏 발을 내딛고 서 있는,

바로 이곳입니다.

이곳, 이 부대끼는 세상 속에서

치유는 배려와 나눔을 통해 완성됩니다.

우리는 혼자가 아니라 여럿이 함께 날아갑니다.

명상도 집착입니다

이른 새벽
차 한 잔에 명상을 합니다.
어둠을 품은 호젓함
하루 중 가장 오롯한 시간입니다.

그런데
홀로 있는 이 시간
예기치 않게 누군가 또는 무엇인가 끼어들면
방해받았다는 생각에 마음이 불편해집니다.

늘 기도를 드리는 지인에게
그럴 때 어떻게 하냐고 물었더니
그녀는 아무렇지 않게 말합니다.
"얼른 두 손을 내리고, 살펴주고 다시 와."

순간 그녀에게서

아이처럼 순순한 마음을 보았습니다.

명상 시간에 집착하여 바라보는 마음도 놓치고

소중한 것을 보지 못 한 제 자신이 부끄러웠습니다.

명상도 내려놓고

내려놓으려는 마음도 내려놓으라 하는데

참으로 머나먼 길입니다.

그래도 다행히

그 길 위에는 서 있어

한 줌의 평화라도 맛볼 수 있기에

참으로 고맙고 기쁜 삶입니다.

차茶와 함께하는 내면으로의 여행을 마치며……

지금까지 우리는 오감五感을 정화하는 소박한 차 한 잔에

매순간 주의를 집중하여 일어나는 대로 마음을 바라보고

내려놓고 또 내려놓는 연습을 했습니다.

이제 당신이 직접 경험해 볼 수 있을까요.

명상에서 실천하는 이 '내려놓음'이라는 연료燃料는

내려놓을수록 더 축적되어 에너지 넘치는 내면의 힘으로 지펴집니다.

명상과 맑은 차茶 한 잔의 의미를 느껴 보시기 바랍니다.

이 책이 당신의 여행을 시작하는 데 조그만 계기가 되길 바랍니다.

고요한 찻자리, 깨어 있는 기쁨과 내려놓음의 자유로움이

당신을 청정하고 충만하게 할 것입니다.

집착과 걸림이 있다면, 차도 내려놓아야겠지요.

글 **정광주**

대학 시절 심리학자 융(C. G. Jung)의 분석심리학에 매료되었던 기억을 잊지 못해 결혼 후에 대학원에 입학하여 상담심리학을 전공하고 박사학위를 받았다. 대학원에서 수학하던 중 명상을 접하면서 이전에는 결코 경험하지 못했던, 영혼의 아름다운 벼락을 맞았다. 그리고 우연하게 접한 차(茶)를 통해 차의 홍수(洪水)에 푹 빠져 명상이 더욱 풍부하고 촉촉해졌다.

대학원에서 상담심리 관련 전공과목을 강의하였으며, 현재는 고등학교 교사로 재직하면서 교원직무 연수 다도예절에서 '차명상'을, 차문화대학원에서 '티아트(Tea Art)'를 강의하고 있다. 명상학회 교육이사로도 활동하고 있으며, 월간 『차의세계』 및 격월간 『차문화』에 차명상에 관한 글을 연재 중이다. 번역서로 『명상심리치료입문』(공역, 학지사, 2007)이 있다.

사진 **임재율**

20여 년 전부터 취미 삼아 시작한 사진에 매료되어 느낌이 묻어나는 서정적인 풍경 사진을 주로 찍고 있다.

내 안에 고요를 만나다

차(茶)명상과 치유

2011년 9월 5일 1판 1쇄 인쇄
2011년 9월 15일 1판 1쇄 발행

지은이 • 정광주
펴낸이 • 김진환
펴낸곳 • (주) **학지사**
    121-837 서울시 마포구 서교동 352-29 마인드월드빌딩 5층
대표전화 • (02)330-5114 팩스 (02)324-2345
등록번호 • 제313-2006-000265호
홈페이지 • www.hakjisa.co.kr
커뮤니티 • http://cafe.naver.com/hakjisa

ISBN 978-89-6330-731-2 03180
정가 14,000원